AF309171

CORRESPONDANCE

ENVOYÉE

A Sa Majesté Louis=Philippe Ier,

ROI DES FRANÇAIS,

ET A SES MINISTRES,

DEPUIS 1830,

SUIVIE D'UN APPEL A TOUS LES FRANÇAIS QUI VEULENT LE
BONHEUR DE LEUR PATRIE.

Par François Marque,

Auteur d'un manuscrit politique sur l'art de gouverner.

Lorsque la coupe est pleine, il faut qu'elle déborde.

———————

A LYON,

CHEZ L'AUTEUR, RUE ST-JOSEPH, 12.

1843.

Pour prévenir les contrefaçons, tous les exemplaires seront revêtus de la signature de l'auteur.

AVANT-PROPOS.

J'aurais pu être dispensé de publier cette Correspondance, sans des bruits de toute nature, des écrits pour et contre moi, qui m'ont introduit depuis longtemps sur la scène.

J'engage le lecteur, s'il veut me comprendre, à porter une attention spéciale à la date de chaque lettre, à suivre les événements et les changements qui se sont opérés d'une époque à une autre. J'ai cru, dans ma conviction, faire le bien; si je me suis trompé, le public éclairé et consciencieux me saura gré que je lui prouve qu'il ne suffit pas toujours de rendre de grands services aux personnages puissants, pour mériter l'estime générale et avoir des témoignages de reconnaissance de ceux qui ne doivent donner que de bons exemples. Par mes dernières lettres j'ai dù me délier d'une chaîne si lourde et reprendre ma liberté entière, en faisant publiquement l'aveu de ne me dévouer qu'aux intérêts de la nation et à ceux qui seront les plus dignes de la gouverner avec probité, honneur et conscience, de ne faire que le bien et le bonheur de tous les sujets et citoyens fidèles qui auront bien mérité de la patrie.

Ex tuo ipsius animo fac conjecturam de me.
Jugez de moi d'après votre propre cœur.

SIRE ,

Un homme qui le 29 juillet 1830 a détourné des forcenés qui ne se connaissaient plus, d'aller à Neuilly vous faire un mauvais parti ; cet homme, prodigue de ses jours pour conserver ceux de Votre Majesté beaucoup plus précieux, a failli être fusillé par des combattants de Juillet, pour avoir dit que vous étiez un Valois , non un Bourbon. Sachant bien que vous êtes de la branche cadette des Bourbons , mais voulant détourner la foudre qui vous menaçait comme Bourbon , cet homme a écrit une lettre à Votre Majesté sur la fin de l'année 1830 , pour lui offrir ses services, son expérience, son influence; et il n'a point reçu de réponse : a-t-il sujet de se plaindre qu'on l'ait oublié ? On n'ignore pas qu'il pouvait et qu'il peut encore rendre quelques services à votre gouvernement, et éviter de grandes peines à votre bon cœur méconnu. Cet homme de cœur, d'un caractère étonnant, connu avantageusement dans la majeure partie des principales villes de France , et principalement à Paris qu'il a habité huit ans, qui vous apprécie comme époux, père et roi vertueux , et rend justice à vos très hautes et très puissantes qualités, a combattu en juillet 1830 ; il a harangué, fait des proclamations, écrit, veillé , souvent jour et nuit, pour le salut de la patrie ; il a détourné, par des paroles fermes et bienveillantes , les mauvais citoyens qui manifestaient le dessein d'attenter aux précieux jours de Votre Majesté. Un jour il vous donna connaissance très modestement des droits que son courage et sa grandeur d'âme lui ont mérités ; mais à la vue de la bassesse des procédés dout la majorité a usé pour obtenir ce qu'elle ne méritait pas, il s'est indigné et il s'indigne encore d'être ainsi confondu.

Sire ,

Celui qui peut dire comme Votre Majesté : « J'ai pour titres de ma probité et de mes actions la satisfaction d'avoir fait le bien le plus souvent que je l'ai pu ; je possède une conscience pure , la bonne opinion (j'entends , par bonne opinion , de bons sentiments) , l'estime des honnêtes gens de la majeure partie des classes de la société qui me connaissent , la preuve de mon courage, de mon humanité, attestés par plusieurs combattants de Juillet et autres, la voix des patriotes sincères de toute la France, » a-t-il mérité votre confiance ? Votre Majesté ne doute pas qu'il est très facile à cet homme d'obtenir vingt certificats pour un, plus ou moins amplifiés. Il lui répugne de se servir des moyens que des fourbes ont employés; c'est pourquoi le signataire de la présente a l'honneur de rappeler à Votre Majesté, que si elle ne daigne pas avoir foi à sa parole d'honneur, il renonce pour toujours à toutes récompenses, de quelque nature qu'elles soient : alors il lui enverra des certificats qui confirmeront plus qu'il n'a avancé. Mais Votre Majesté n'en aura pas moins dévoué à ses intérêts un homme peu ordinaire, quoique mécontent. Déjà plusieurs fois à Paris vous daignâtes avec bonté jeter les yeux sur moi; et un heureux souvenir, qui ne s'effacera jamais de mon cœur, me rappelle qu'un matin, au Palais-Royal, dans la galerie en face de la Cour d'honneur, le lendemain du jugement des ministres de Charles X, Votre Majesté fixa sur moi ses regards avec une attention si particulière (vu que j'étais seul de ce côté), si pénétrante de bonté, qu'il m'a été facile de m'apercevoir que vous saviez connaître les hommes et leur rendre justice, lorsqu'ils avaient le bonheur de vous avoir pour juge.

Vienne (Isère), le 3 avril 1833.

A SON EXCELLENCE LE MINISTRE DE L'INTÉRIEUR.

EXCELLENCE,

Le très respectueux soussigné vient d'être honoré d'une réponse à sa pétition du 3 avril 1833, laquelle, d'après ce qu'on lui annonce, a été mise sous les yeux de Sa Majesté, qui en a ordonné le renvoi, avec les pièces qui l'accompagnaient, à M. le Ministre de l'intérieur. Depuis longtemps le pétitionnaire, vivant fort retiré, ignore quelles sont les pièces qui ont été données pour ou contre lui, à l'exception d'une lettre très modeste qu'il écrivit à Sa Majesté vers la fin de l'année 1830. Il est de son devoir de faire connaître à Son Excellence que dans tous les pays il est des gens mûs par des motifs d'intérêt, de méchanceté, de jalousie, d'ingratitude, d'opinion ou de calomnie, et naturellement disposés à dénaturer, par des renseignemens inexacts, l'honneur du pétitionnaire. Quoi qu'il en soit, Son Excellence connaît assez le but de la malveillance pour se défier des renseignements de quelques mauvais sujets , ou de la colère de quelques filles ou femmes charnellement humaines. La vie de François Marque est un vrai roman ; c'est pourquoi il croit devoir informer Son Excellence qu'il a reçu des surnoms de chaque classe de citoyens , séparément et à différents intervalles , et qu'il est désigné, bien malgré lui, dans la majeure partie des villes de France , sous des sobriquets divers; cependant il n'a jamais été au service d'aucune cour ni police, pas même de celle des princes. Il est vrai qu'il a été plusieurs fois dans des positions différentes , et qu'il a été à diverses reprises à l'école du malheur ; mais il n'a pas pour cela dérogé à la qualité d'honnête homme : il a mieux aimé souffrir que de se déshonorer. Ce sont ses changements de position , son caractère peu ordinaire , susceptible aux injustices , son courage à supporter l'adversité , son mépris pour les sots de mauvaise foi , son aversion pour les égoïstes et les ingrats, qui lui ont attiré une foule de sobriquets, qui ne le rendent ni meilleur ni plus mauvais. Il est ce qu'il doit être, au-dessus des préjugés et des calomniateurs. Il est vrai qu'il n'est qu'une faible créature perdue dans la foule : Son Excellence daignera-t-elle s'en occuper un moment ?

Son Excellence n'a-t-elle pas assez à faire d'empêcher la canaille cabaliste de troubler la société, de combattre la corruption et les vices qui voudraient s'ériger en vertus du jour , de soutenir les honnêtes gens , qui, sans la force de sa haute dignité , de ses talents, de son courage, seraient forcés de succomber? Sans son joug , celui de la raison et des intérêts sociaux, que deviendrait le gouvernement de Juillet ? le peuple, livré à lui-même , ne ressemblerait-il pas bientôt à un chien enragé , qui ferait le plus de mal possible ? Les hommes qui sont un peu consciencieux ne savent-ils pas que la majeure partie des journaux sont un remède pire que le mal ? qu'il serait on ne peut plus urgent de mettre pour gérant chef principal, à chaque journal factieux, un homme très dévoué à la dynastie de Juillet , consciencieux, influent et capable ?

ExcellEnce ,

Si je ne mettais des bornes à mon caractère et à mon opinion extrêmement libres , si je ne craignais de devenir désagréable , j'en dirais bien davantage. Ma pénible et longue expérience, les discours de Son Excellence à la tribune, m'ont un peu mis sur la voie de connaître son mérite : je désirerais que tout le monde sût ou voulût l'apprécier aussi bien que je l'apprécie moi-même , et que les méchants fussent châtiés convenablement. Il me semble qu'elle n'attend qu'une occasion favorable pour rendre le bien pour le mal à ces aboyeurs corrigibles , qui ont plutôt faim d'emplois que le désir d'être utiles à leur patrie. Son Excellence les placera sans doute de manière à ce qu'ils ne soient plus importuns , et même qu'ils soient réduits à se repentir de la majeure partie de leurs antécédents ; mais elle n'épargnera pas les incorrigibles. J'ai cru m'apercevoir qu'elle allait rompre sans retard et définitivement avec les hommes du pouvoir déchu, qui sont douteux ou reconnus n'être pas sincèrement attachés à la dynastie de Juillet ; qu'elle allait les remplacer, en tout et partout, par des hommes sûrs et capables , courageux et dévoués au gouvernement et à la patrie. Pour ce qui me concerne , s'il n'était pas nécessaire de montrer aux sots qui, en fait d'honneur véritable, ne connaissent que l'apparence et non la réalité , le pétitionnaire n'aurait jamais publié aucune de ses actions qui lui donnent une force de conscience au-dessus des préjugés et des calomniateurs, attendu qu'il a des preuves assez convaincantes , le courage assez grand , le caractère assez fort pour détruire toutes les faussetés de cette insolente canaille qui fait une guerre à mort aux honnêtes gens. Il se croirait injustement privilégié s'il était oublié par la méchanceté et par la calomnie, lorsque le Ministère , composé de l'élite des hommes d'Etat, qui joignent à un grand mérite beaucoup de talents, est sali par la boue calomniatrice; lorsque des hommes généreux, qui sacrifient leur vie, leurs lumières pour sauver la nation de l'anarchie, sont outragés par des factieux, des ingrats qui veulent ignorer qu'il est on ne peut plus difficile de lire dans les replis de la conscience de ceux qui en ont un peu ; lorsque des pervers, secondés par des sots, des intrigants à tout vent , toujours prêts à mal faire , interprètent ou dénaturent ce que fait, ce que dit le Ministère; lorsqu'il y a même des êtres qui poussent l'infamie, la fausseté, la cruauté jusqu'à lui témoigner de l'amitié, du dévouement, tout en le trompant. Ces hommes dangereux ne lui enfoncent-ils pas le poignard dans le cœur, toutes les fois que le Ministère reconnaît leur duplicité , leur perfidie ? O hommes courageux , dignes successeurs de mon très illustre compatriote Casimir Périer ! ne vous assassine-t-on pas à demi lorsqu'on vous frappe en guet-apens , et lorsque les traîtres parviennent à échapper à vos regards , à la justice ? C'est alors que l'opinion publique , ce juge myope, qui n'est pas toujours éclairé par le flambeau de la bonne justice, naturellement enclin au mal, s'évertue à vous faire ressentir toutes les amertumes de son aveuglement. Vous n'êtes pas plus épargnés que celui qui prend la très respectueuse liberté de vous le faire observer, et vous n'avez pour vous que vos actions , votre conscience de faire le bien , la confiance de Sa Majesté et l'estime des honnêtes gens , qui sont malheureusement toujours en trop petit nombre.

Vienne , le 22 avril 1833.

A SA MAJESTÉ LOUIS-PHILIPPE Ier ,

Roi des Français.

Sire ,

A son avénement au trône de Juillet 1830 , Votre Majesté avait le juste milieu, c'est-à-dire la moitié de la France, pour sa dynastie ; en 1833 elle en a conquis un quart, il ne reste plus à la bonté paternelle de Votre Majesté que l'autre quart à conquérir. Avec l'aide de Sa Majesté la Reine des Français, modèle de toutes les vertus, de vos illustres et bien-aimés enfants que la patrie a adoptés pour ses fils, des serviteurs amis véritables qui les secondent, qui les entourent, et dont l'œil judicieux de Votre Majesté regarde attentivement la marche, avec l'aide encore de quelques dévoués et habiles philosophes que le bonheur de la France plutôt que l'intérêt a toujours guidés, tout patriote français doit espérer que le bon génie de Votre Majesté sera couronné par une dernière victoire, et qu'avant la fin de l'année 1835 la patrie ne comptera plus d'ennemis assez dénaturés pour oser déchirer son sein.

Hommages soient rendus à la justice de votre règne, au bon esprit qui l'anime, à la magnanimité du caractère de votre gouvernement, et au courage prudent de votre administration! Un véritable patriote, qui a rendu en toute occasion de grands services au trône de Juillet et n'en a jamais reçu de récompense, désirerait que le Ministère présentât à la première session des Chambres un projet dont le développement tendît à établir une loi qui donnerait au Gouvernement le droit d'imposer sans exception, à tout propriétaire de maisons ou établissements quelconques, une prime qui remplirait le même but que les compagnies d'assurances. Cette union de force, de confiance et de sûreté réciproques aurait un résultat immense : les sociétés pourraient devenir actionnaires, les agents et autres conserver leurs emplois.

Des hommes expérimentés et prévoyants reconnaissent aussi qu'il est très urgent que Paris soit promptement fortifié; que le Gouvernement mette en évidence le genre de fortification qui convient le mieux à sa défense et à l'intérêt de la majorité des Français. Honneur, mille fois honneur au Roi des Français, qui sait gagner les cœurs, vaincre et pardonner, qui aime et fait respecter l'Empereur des Français, le plus grand génie des siècles passés et présents !

Une couronne immortelle au héros de la paix, qui prouve aux étrangers que, s'il en était besoin, il serait aussi le héros de la guerre !

Ex unius tui vita pendet omnium salus.

Vienne , le 12 août 1835.

13

A SA MAJESTÉ LOUIS-PHILIPPE Ier ,

Sire ,

Votre Majesté sait que les mœurs, l'esprit des administrés se moulent ordinairement sur les actes,
l'exemple de leur prince, des gouvernants, des administrateurs, et que la plupart des changements qui
arrivent dans un état font la gloire ou le déshonneur
du prince régnant. Elle sait qu'il existe un ordre naturel qui gouverne les sentiments ; que, par de secrètes liaisons et un enchaînement de causes connues
et inconnues, déterminées ou non, chaque chose
marche ou s'arrête à son rang et achève le cours de
sa destinée ; elle sait que des hommes ambitieux, diplomates ou non, suspects, intrigants, des faiseurs
de commentaires et autres veulent disposer suivant
leur intérêt, leurs caprices ou leurs passions, de
l'esprit de la nation et de la conscience de leurs créatures nées ou à naître, cherchent à se récompenser
des honneurs, des dignités qu'ils savent consciencieusement n'avoir pas mérités, et ne règlent la différence entre les choses utiles et dangereuses que
d'après l'appât du butin, non par amour pour la
vertu, la probité, ni pour le bien de la France, sans
respect ni pour les lois ni pour les hommes. Qu'aurions-nous à attendre de sincère, de généreux, de ces
esprits lâches et furibonds, de ces hommes sans ca-

ractère, sans pudeur, qui ne se soucient pas plus de
nos maux que des intérêts de la France, qui voudraient nous précipiter dans les mêmes calamités
dont nous ont préservés jusqu'à ce jour le courage,
la sagesse, le génie de Sa Majesté? Oui, Sire, mon
expérience me donne la conviction et le courage de
dire à Sa Majesté que les ennemis de la France et de
votre gouvernement font servir leur audace, leur influence, leur astuce, à attirer à eux un pouvoir qu'ils
considèrent et qu'ils s'efforcent de faire croire insou-
tenable, qu'ils proclament abandonné à la merci de
l'illégalité et de l'intrigue. Ces hommes dangereux
font tout par aveugle passion, par cabale et sans
force; mais ils sont assez éloquents et méchants pour
persuader les ignorants, les fourbes et tout ce qu'il
y a d'impur.

Leurs actions de chaque jour témoignent avec
quelle fureur ils entretiennent le mensonge. Non
contents de violer tout ce qu'il y a de sacré, ils font
encore passer dans tous les rangs de la société cette
dangereuse contagion; ne craignent ni de nous accu-
ser de leurs propres fautes, ni de nous charger d'in-
jures, d'outrages, ni de commettre toutes sortes de
bassesses pour s'élever, ni de nous attribuer leurs per-
fidies. Ceux qui ont levé le masque en se dépouillant
de toute honte, ne considèrent plus ce qu'ils font,
ce qu'ils disent: peu leur importe d'être en contra-
diction avec eux-mêmes, pourvu qu'ils parviennent à
l'accomplissement de leurs œuvres; ils se réjouissent
de ce que leur conduite scandaleuse et infâme nous
accable. Les uns font retentir de harangues les tri-
bunes, les salons et les banquets, pour se donner du
crédit, de la réputation; et cependant au fond de
leur conscience ils savent bien que leurs beaux discours sont autant de piéges où les ignorants, les mé-

contents, alléchés par cette amorce, viennent tomber ;
la franchise et la bonne foi n'étant plus de mode
pour eux, ils oublient même qu'ils parlent à un
peuple qui a conquis sa liberté et qui veut en jouir
paisiblement en dépit de tout ce qui s'y oppose. Les
autres jettent à la face du public leurs interprétations
étudiées et maniérées de la Charte, comme un évan-
gile nouveau ; ils nous disent d'adorer cette déesse
telle qu'ils la font, ou point de salut ! quoique nous
sachions que la déesse n'est plus vierge, que Charles X
l'a violée, et que ces déclamateurs la prennent pour
une prostituée à parure nouvelle, à laquelle ils font
prêter toutes les faces.

Ces hommes pauvres de génie et de conscience,
auxquels le royaume des sots appartient, politiques
désavoués par les honnêtes gens, marchands de sys-
tèmes, qu'une dose de fatuité boursoufle jusqu'à
rendre tout vent, ne sentent-ils pas qu'ils ne parcour-
ront pas longtemps le chemin de la vie en aveugles
sans bâton, tout en prétendant y voir clair ? Parce
qu'ils sont escortés de leurs meutes d'aboyeurs,
croient-ils qu'ils empêcheront longtemps encore la
France de jouir du fruit de ses victoires ? Croient-ils
que nous ne sommes pas assez convaincus de leur
haine jalouse, opiniâtre et secrète ? Croient-ils que
nous ne savons pas qu'ils ne se servent du mot ma-
gique *liberté*, que pour nous donner des fers ? Ces
pernicieux et astucieux citoyens, qui veulent capter
la confiance, devraient avoir au moins un peu la franchise, la glorieuse émulation, le savoir, la fermeté et
le courage d'accomplir loyalement leur mission ; ne
pas préférer leur intérêt tout personnel à l'intérêt
général ; ne pas trahir la France pour des présents,
des honneurs, des emplois, si toutefois il y a de l'honneur à livrer son pays à la merci des étrangers et de

la guerre civile; ne pas se plonger dans la lie, et ne pas se traîner continuellement dans la fange. Les plus habiles de la ligue, s'imaginant que la mixtion, la calomnie, l'obstination étaient des moyens sûrs et populaires, s'en sont servis comme de vertus héroïques, et, avec une modestie artificieuse, étudiée, ont constitué leur système de force et de sagesse. Ne reconnaît-on pas à leur air de sincérité leurs desseins enveloppés de mystère, leur art de diviser, leur finesse d'esprit pour entasser les uns sur les autres un grand nombre de raisonnements vagues? Tantôt ils sont véhéments et sublimes, tantôt doux et insinuants, tantôt violents et vindicatifs, quelquefois railleurs ou passionnés; tantôt ils veulent disposer des consciences, ou s'évertuent à tourner les esprits suivant leurs passions, leur bon plaisir, leurs intérêts qui ne sont pas les nôtres. A qui la faute si la France, trop longtemps indignement abusée, leur a demandé et imposé d'une voix ferme des devoirs qu'ils n'ont ni su ni voulu remplir? La voix du peuple éclairé et consciencieux (*vox Dei*) n'a-t-elle pas assez proclamé que la majeure partie de ces hommes exaltés ne rougissent pas de se donner les titres de justes et de protecteurs de la France, et qu'ils appellent, d'un air ironique et insolent, les vrais patriotes modestes oubliés ou désintéressés, des ambitieux, des intrigants, des égoïstes? Les ambitieux, les égoïstes et les intrigants, ne sont-ce pas ceux qui font élever des barricades, qui dressent des embûches, qui flattent par des promesses; ceux qui accaparent les honneurs, les emplois, les dignités; ceux dont la plume envenimée distille le poison; ceux qui ne craignent pas de donner leur parole et de la violer, quand cela leur plaît; ceux qui n'ont pas même honte de nous imputer leurs propres fautes et leurs

méchantes actions, afin de mieux cacher leur duplicité, leur perfidie dans les replis de je ne sais quelle
conscience ; ceux dont les actes d'ingratitude anciens
et récents ont laissé dans les esprits une impression
d'assez grande importance et des traces ineffaçables ;
ceux qui ont offensé les vrais patriotes jusqu'à l'ou-
trage et les ont obligés de parler, d'écrire énergique-
ment, courageusement pour repousser leurs injustices et manifester l'indignation qu'ils éprouvent ;
ceux qui n'ont jamais rien fait d'honorable pour le
pays ; ceux qui ne sont capables d'aucune action qui
puisse les honorer ; ceux qui aiment mieux courber
la tête sous le joug de la pitoyable terreur, que de
combattre bravement l'ennemi commun de la patrie ?
De la lâcheté de ces efféminés, de ces hommes sans
cœur, sans caractère, sans patriotisme, l'on ne doit
attendre ni bien ni secours ; il y aurait même plus
de honte que de gloire à se servir de pareils hommes ; il vaudrait mieux gagner par la persuasion, par
les bienfaits et se rendre amis ceux qui ont sujet
d'être mécontents, s'ils apportaient dans notre cause
leurs mêmes vertus et leur même courage. Quand le
corps social est gangrené, il faut que la gangrène politique soit extirpée promptement et sans modération, si l'on veut éviter la destruction totale de la
constitution ; il n'y a plus à différer : que toutes les
querelles d'opinion, qui sont en général le résultat de
quelques idées ou intérêts particuliers, se mettent de
côté ; le bon succès qui en résultera changera facilement les inimitiés provoquées par l'opinion, en
confiance, en amitié ; et lorsque viendra un temps
moins dangereux pour exercer nos passions sans rien
craindre pour la liberté commune, si nous ne pou-
vons fraterniser, nous reprendrons notre haine pour
le malheur et le désespoir des uns et des autres : ce

sera au moins sans occasionner la perte de tous.
Patriotes! ne nous confions donc plus aux intrigues
des égoïstes; fermons l'oreille à leurs promesses falla-
cieuses; ayons le cœur droit, et disons avec conviction: Ceux qui ont le talent et la fermeté de défendre
nos droits respectifs n'ont besoin que de leur propre
mérite pour acquérir des titres à la justice des citoyens honorables, et ceux qui ont eu le courage de
verser leur sang pour la patrie ne sont pas faits pour
être accablés d'outrages, d'humiliations, de calom-
nies; ils ne doivent point attendre d'un autre gouvernement des secours à titre d'indemnité, à la place
des récompenses et honneurs qui leur sont légitime-
ment dus.

Sire, Votre Majesté sait qu'elle n'est point infailli-
ble, qu'elle ne peut tout gouverner par elle-même,
tout voir, tout entendre. L'histoire, dépositaire des
événements, témoin souvent fidèle de la vérité,
source de bons conseils et de sagesse, nous enseigne
que les monarques sont à chaque moment dans la
position d'être mal informés, d'être abusés par des
conseils intéressés ou par le conflit des passions.

Oui, Sire, l'élite de la nation française se glorifie
et s'estime très heureuse d'être gouvernée par un roi
économe, courageux et clément, mais auquel sa très
haute dignité ne permet pas de connaître ce que
l'homme obscur, confondu dans la foule, sait au
moyen des points de contact qui le lient à toutes les
professions et opinions de la société. Sire, Votre Majesté ne se doute pas toujours que la vérité n'arrive
près du trône qu'après avoir longtemps souffert les
coups que lui portent les passions et les intérêts pri-
vés, et avec des traits tellement altérés qu'il est souvent impossible à Sa Majesté de la reconnaître. Ainsi,
comment lui est-il possible d'arrêter les écarts de

l'imagination? comment détruire les funestes effets qui résultent de l'application d'interprétations erronées, lorsque l'inexactitude ou la foi mal éclairée des intermédiaires en tirent des conséquences insidieuses ? Il serait facile à Sa Majesté d'arrêter les écarts de l'imagination, et d'éviter ces graves inconvénients, si elle pouvait connaître la vérité dépouillée de tout artifice, et si ses principaux serviteurs s'identifiaient aussi sincèrement qu'elle avec la nature et l'esprit du véritable système libéral : alors nous jouirions d'une paix solide et honorable, de l'ordre qui est le pain de la société, et d'une charte-vérité non exploitée.

Français de tous les échelons de la société, utilisez votre dévouement, votre courage pour le maintien de nos droits, parce que, si vous ne mettez fin aux prétendues bonnes actions de ces discoureurs hypocrites, aux soi-disant loyales intentions, aux travaux destructeurs de ces mineurs constitutionnels, de ces hommes à âme servile, bientôt ils nous vendront comme on vend du bétail; de Français de 1830, nous deviendrons aussi esclaves que sous l'ancien régime; notre liberté périra dans son enfance; nous perdrons cette réputation que nous avons si chèrement acquise et méritée dans les combats, notre foi nationale et tout ce que les Français ont de sacré et de vénérable, si tous ceux qui ont un cœur vraiment français ne s'unissent en même temps pour anéantir l'infamie des ingrats, des ambitieux qui nous forgent des chaînes; et s'il faut perdre la vie, n'hésitons pas un instant plutôt que d'être les instruments de ces audacieux et artificieux politiques. — Mourir pour sa patrie et son roi, est la mort la plus glorieuse.

Patriotes! si nous estimons la liberté, cette liberté couronnée à chaque moment par de nouveaux succès, cette liberté que nous avons scellée de notre

sang, les factieux n'abuseront plus de votre clémence;
et quoique la cabale se soit faite une puissance fac-
tice, l'union des bons et courageux Français détruira
facilement l'échafaudage des pervers, qui oublient
toujours ce que nous avons acquis par les armes, et
les services éminents que nous leur avons rendus.
L'éminence du péril réveille l'esprit et le courage,
quoique abattus par la modération, par la pitié, tan-
dis que l'intrigue, la charlatanerie sont les dernières
ressources des parasites et des égoïstes.

Français! repoussons pour toujours l'artifice et
l'ingratitude avant que la mauvaise foi n'ait poussé
de plus profondes racines; ne nous laissons pas de-
vancer par la coterie des factieux, qui tend à nous
précipiter dans les horreurs de la guerre civile.

SIRE,

Votre Majesté a plus d'ennemis qu'elle ne le pense.
Des hommes qui lui sont sincèrement et courageusement dévoués, n'ayant pas le bonheur de posséder
assez sa confiance, sont quelquefois obligés de souffrir le mal qu'ils pourraient empêcher ou guérir. Si
Votre Majesté accueillait leurs services vraiment pa-
triotiques, encourageait et récompensait leur dévouement si longtemps oublié, ils sentiraient croître
leur énergie, leur enthousiasme, principaux aliments
des cœurs généreux, la force et la vie d'un Gouvernement qui a de grands travaux et des devoirs sacrés
à accomplir.

> Donec eris felix , multos numerabis amicos ;
> Tempora si fuerint nubila , solus eris.

Vienne , le 18 mai 1834.

A SON EXCELLENCE M. LE MINISTRE DE LA JUSTICE.

Excellence,

L'enchaînement des causes connues et inconnues a déterminé d'une manière bien concluante la position de mes maîtres en éloquence, en instruction et en pouvoir.

J'ai éprouvé un vif et sensible plaisir en apprenant la nomination de M. Thiers à la présidence du Conseil, celle de M. le vicomte d'Argout, et celle de M. Sauzet, notre quasi-compatriote, à la justice. J'espère recevoir de ce dernier Ministre des éclaircissements sincères touchant le manuscrit que j'ai dédié au Roi, et notamment à M. Thiers et à M. le vicomte d'Argout, auprès desquels le Roi m'a renvoyé depuis, je pense, assez longtemps.

J'ai l'honneur de prévenir MM. les Ministres récemment nommés qu'ils veuillent bien ne pas être surpris de la visite que je me propose de leur faire dans peu de temps à Paris, afin de rappeler à leur souvenir les éminents services que je leur ai rendus, et personnellement à Sa Majesté Louis-Philippe Ier, roi des Français, ainsi qu'à la France.

Je m'adresse pour la dernière fois à M. Thiers et à M. le vicomte d'Argout, en les suppliant d'examiner s'il est en France un homme judicieux et spirituel qui, en lisant mon manuscrit avec attention, puisse révoquer en doute les périls que j'ai courus pour sauver l'Etat, au point que, grâce à mon dévouement, ma vie est encore exposée tous les jours au poison, au poignard et à tous les ressorts infernaux que les scélérats savent faire jouer pour anéantir un patriote véritablement homme, qui a livré en toute occasion ses intérêts , son corps , son cœur , sa fortune au courroux , à la vengeance et à la haine des partis, des égoïstes et des envieux , s'il peut y avoir haine et vengeance contre un homme qui a fait depuis longtemps le sacrifice de sa vie pour sauver sa patrie et son roi !

Vienne , le 19 mars 1856.

A SA MAJESTÉ LOUIS-PHILIPPE Iᵉʳ,

Roi des Français.

Sire ,

Le soussigné a servi fidèlement Votre Majesté, et, depuis qu'elle règne, il s'est montré en toute occasion et en tout pays patriote sincère ; son cœur n'a plus été partagé depuis que le fils du grand Napoléon est mort. Malgré ses nombreux ennemis politiques, il s'est montré obéissant et fidèle à ses devoirs, et, partout où il a été forcé de résister, l'envie et la méchanceté ont jusqu'à ce jour battu en retraite devant sa fermeté persévérante.

Il ne rappellera pas à Votre Majesté les services qu'il a rendus depuis 1830 ; il les considère comme le devoir de tout honnête homme : il a cru devoir faire un bouclier de son corps pour défendre son Roi, lorsque en sa présence (à l'insu du Roi) ses jours ont été exposés ; et il est prêt à le faire encore, si votre personne auguste se trouvait de nouveau menacée.

Grâce à la Providence qui veille sur les très précieux jours de Votre Majesté, la position de la France s'améliore de plus en plus ; mais le Français, inconstant, ambitieux, jaloux, égoïste, oublie son bien-être pour ne rêver que chimères. Hélas ! c'est avec une douleur profonde que la franchise et le patriotisme de votre fidèle sujet le forcent à déclarer à Votre Majesté que des hommes qu'elle ne connaît pas assez bien, et qui cependant ont quelque crédit auprès du pouvoir, conspirent la perte de votre gouvernement et de votre dynastie. On est obligé de se taire, parce que ces hommes sont encore à craindre, vu la puissance qu'ils ont de faire des victimes. D'ailleurs, celui qui depuis si longtemps persévère à servir Votre Majesté avec courage, sans autre appui que la conscience de faire le bien, qui n'envie ni honneurs ni emplois, ne voudrait pas passer pour un importun présomptueux, un agent secret sans émoluments, un *mouchard* : l'homme probe gémit des faussetés des intrigants, dont les desseins pervers ne tendent qu'à entraver les bonnes intentions de Votre Majesté.

Sire, pardonnez la témérité de votre serviteur ; elle est guidée par son patriotisme, par son expérience. Il jouit, à l'âge de quarante ans, d'une honnête médiocrité et du bonheur de n'avoir plus d'ambition : quel motif pourrait donc lui donner la présomption de vous parler à cœur ouvert, si ce n'est l'intérêt qu'il porte à Votre Majesté, à votre auguste race, et à la prospérité de la France ?

La Chambre des Députés a été dissoute, dans le but de recomposer un nouveau ministère : on ne sait quel ministère l'on veut. Que de grands hommes d'état savent peu s'estimer réciproquement et se rendre justice ! Ils ont oublié cet axiome simple et irrévocable : que l'union des grands talents, des hommes sincères et fermes, fait la principale force d'un état.

Voici, suivant ma conviction, comment le ministère devrait être composé : Sa Majesté Louis-Philippe, roi des Français, président de la petite république ; le duc d'Orléans son successeur, dont nous regrettons la perte, vice-président ; puis MM. Dupin, Odilon-Barrot, Barthe, Bertrand, Sauzet, Thiers, Guizot, Rosamel, Humann et autres, s'il plaît à Votre Majesté.

Le soussigné, en désignant pour ministres les personnages sus-mentionnés, ne le fait pas avec l'intention de desservir ou de repousser le cabinet qui a volontairement offert sa démission. Si toutefois la faible voix de votre serviteur est agréable à Votre Majesté, j'oserai dire que les Ministres actuels lui paraissant tous dignes et capables de mériter votre confiance ainsi que celle de la France fidèle, un poste nouveau peut devenir leur récompense et satisfera les exigences des ambitieux, et par là même l'appétit de leurs meutes d'aboyeurs.

Les Français d'aujourd'hui voudraient changer aussi souvent de gouvernement que de mode ; et, pour les contenter, il faudra bientôt agir envers eux comme à l'égard de cet enfant qui voulait à tout prix qu'on lui donnât la lune.

Vienne, le 11 mars 1839.

A SA MAJESTÉ LOUIS-PHILIPPE Ier,

Roi des Français.

Sire,

J'ai soutenu en tout et partout Votre Majesté, je lui ai sauvé la vie ; je l'ai prévenue des intentions perverses qu'avaient manifestées en ma présence des scélérats qui voulaient attenter à vos très précieux jours ; à différentes époques j'ai averti vos Ministres des complots dirigés contre vous ; je leur ai même indiqué la marche à suivre pour faire plusieurs coups d'état indispensables pour sauver la France de l'anarchie, et disposer convenablement dans vos intérêts les puissances alliées. Je me suis attiré un grand nombre d'ennemis politiques, qui m'ont fait une guerre à mort, sous laquelle je suis près de succomber. Leur acharnement est si grand contre moi, que tous les moyens leur sont bons : mon avoir ne leur suffit pas, il leur faut encore ma vie, qui leur paraît redoutable.

J'avais acquis la propriété du château du Rosay (Rhône), près Pilat, parce qu'elle descendait du grand Villars, maréchal de France et sauveur de l'Etat. J'espérais faire respecter ce nom si célèbre et si vénéré des hommes qui savent rendre justice au vrai mérite : je me suis trompé, on m'en a ôté tous les moyens ; mes ennemis politiques sont même parvenus à obtenir la vente du Rosay par expropriation forcée, pour le 8 juillet 1843; il en est de même d'autres propriétés patrimoniales auxquelles je n'attache pas la même importance. Mon désir serait que Votre Majesté voulût bien devenir acquéreur de ce château : il va se vendre à vil prix, ainsi que mes autres propriétés, que l'on veut sacrifier afin de m'enlever tout moyen de me défendre honorablement.

Sire, je suis dévoué corps et âme à vos intérêts : Votre Majesté laissera-t-elle passer dans les mains de vos ennemis jurés et des miens la propriété du grand Villars ? D'ailleurs, Sire, Votre Majesté ne doit pas ignorer que si j'eusse fait pour Napoléon empereur des Français ce que j'ai fait pour Louis-Philippe Ier roi des Français, depuis 1830, je serais pair de France.

J'ai lieu d'espérer que Louis-Philippe ne m'oubliera pas toujours, et ne voudra pas que je sois vaincu par cette multitude d'ennemis.

Lyon, le 21 juin 1843.

A SA MAJESTÉ LOUIS-PHILIPPE Ier,

Roi des Français.

SIRE,

Puisque tout ce que j'ai fait depuis 1830, et tout ce que je pourrais faire encore pour Votre Majesté et pour la France, n'a été jusqu'à ce jour nullement apprécié; puisque en France il n'y a plus qu'égoïsme, ingratitude, perfidie, injustice, méchanceté, jalousie, orgueil, misère et corruption ; puisque enfin, malgré tous mes efforts pour le bien, mes ennemis et les vôtres triomphent dans leur infamie; n'ayant plus ni amis, ni appui, ni fortune, seul sur une terre peuplée en quelque sorte d'anthropophages, j'ai pris la ferme résolution d'en sortir le plus tôt possible. J'éprouve un grand besoin de respirer un air plus pur, d'habiter un ciel plus serein, où je puisse rencontrer la nature, l'innocence et la vertu. C'est pourquoi, Sire, j'ose espérer que vous ne me refuserez pas une lettre de recommandation pour l'empereur du Brésil, auquel je suis décidé d'aller offrir mes faibles services.

Sire, daignerez-vous m'accorder cette insigne faveur? Est-elle trop grande pour Votre Majesté? Si elle est trop grande pour Louis-Philippe, que Votre Majesté me réponde ou me fasse répondre pour quelle raison jusqu'à présent mes services ont été comptés pour rien. Oui, Sire, Votre Majesté n'a jamais su lire dans mon cœur: elle y aurait vu ce qu'elle n'a jamais rencontré. Sire, vous aviez dans vos intérêts un homme peu ordinaire, qui s'est sacrifié pour vous : bientôt vous ne l'aurez plus pour vous prévenir des malheurs qui menacent la France et votre dynastie. Un jour viendra, mais trop tard, que vous connaîtrez le prix de cet homme.

Lyon, le 21 juillet 1843.

A SA MAJESTÉ LOUIS-PHILIPPE Ier,

Roi des Français.

> Sicut sol est immobilis, salus
> populi est lex suprema.

SIRE,

Ce qui intéresse le plus Votre Majesté ne lui parvient pas toujours, car ou elle n'y prête pas attention, ou le temps opportun lui manque. Afin de lui éviter la peine de lire tout ce que mon dévouement m'a inspiré pour son auguste personne, je ne lui ai envoyé qu'un abrégé de ce que j'ai fait pour elle : que Votre Majesté daigne au moins jeter un coup d'œil sur la première feuille. Je vous le repète, Sire, c'est le dernier avertissement que je me permets encore de donner à Louis-Philippe Ier, roi des Français : ma chute n'est que le préliminaire de la vôtre. Je ne devrais pas avoir la bonté de vous en prévenir ; mais si Votre Majesté entendait ce qui se murmure dans le public, elle n'en douterait plus.

Il est peut-être bien téméraire de ma part d'avoir la franchise d'exposer, à vous Louis-Philippe, des choses qui l'intéressent à un si haut degré : Votre Majesté m'excusera sans doute, puisque c'est la dernière fois. Je ne pourrai et ne ferai plus rien pour elle qui, pour ma récompense, me méprise, lorsque je me suis sacrifié plusieurs fois pour la sauver.

Désormais préviendra et sauvera qui voudra ou qui pourra votre dynastie. Votre Majesté reconnaîtra, sous peu de temps, que le nombre de ceux qui lui étaient sincèrement dévoués est devenu bien petit. Je ne l'entretiendrai donc plus de ce qui la concerne; mais, avant de lui faire mes adieux pour toujours, je dois dire à Votre Majesté que des bruits circulent dans le public, à Lyon, à Vienne et ailleurs : que j'ai reçu et que je reçois des fonds secrets, ou autres, du gouvernement français ou du clergé. Si l'on m'en a envoyé, je ne sais à quelle époque, on les a touchés pour moi, à mon insu. En conséquence, ne voulant pas passer pour un agent secret sans émoluments, je proteste que c'est une calomnie infâme d'avancer publiquement ou clandestinement que j'ai touché des fonds secrets de quelque gouvernement que ce soit, du clergé, ou autres, jusqu'à ce jour. Si je ne puis répondre de l'avenir, je peux au moins répondre du passé.

Une foule de bruits calomnieux, inventés par la cabale de mes nombreux ennemis politiques, m'ont fait perdre la confiance; toutes les injustices que l'on a exercées, les méchancetés et les trahisons que l'on a employées contre moi m'ont jeté dans une position désastreuse : je me vois en butte à tous les traits de la malignité, obligé de me défendre seul contre tous, sans appui, sans amis, sans ressources.

Votre Majesté ne trouvera pas mauvais que je fasse imprimer la correspondance que j'ai envoyée au Roi et à ses Ministres depuis 1830, afin que les bons Français sachent depuis combien de temps je suis victime de l'égoïsme et de la perfidie d'hommes qui ne le sont que de nom. Peut-être par ce moyen pourrai-je me réhabiliter dans l'opinion publique, et me faire une position plus supportable. J'attendrai encore, jusqu'à la fin du présent mois d'août 1843, la réponse de Votre Majesté sur ce qu'il m'est possible de faire. Si je ne dois point en recevoir, alors je prendrai un parti décisif.

SIRE,

Que Votre Majesté réfléchisse bien ; qu'elle tâche de savoir et de reconnaître par elle-même et positiment ce qu'est un homme tel que moi, et qu'elle veuille bien examiner s'il est juste que tout ce que j'ai fait pour elle doive occasionner ma ruine.

Malo me fortunæ pœniteat,
Quàm pudeat victoriæ.

Lyon, le 22 août 1843.

SIRE,

J'ai l'honneur d'être, de Votre Majesté, le très humble et très respectueux serviteur,

FRANÇOIS MARQUE,

Né en 1798, à Vienne (Isère).

Domicilié à Lyon, rue St-Joseph, n° 12.

Lyon, le 15 septembre 1843.

Lyon. Imp. de Louis Perrin.

9 782019 292973